AF542944

CATÉCHISME

DE

L'HOMME LIBRE.

Imprimerie Gerdès, rue Saint-Germain-des-Prés, 10.

CATÉCHISME

DE

L'HOMME LIBRE.

PAR PROSPER THOMAS.

PARIS,
CHEZ CH. HINGRAY, ÉDITEUR.
1848.

CATÉCHISME

DE

L'HOMME LIBRE.

D. Qu'est-ce que Dieu?

R. C'est le créateur et l'âme de l'univers.

D. Qu'est-ce que l'homme?

R. C'est le plus parfait des êtres créés par Dieu.

D. En quoi l'homme est-il supérieur aux autres animaux?

R. Seul, l'homme est libre; il fait le bien ou le mal, suivant les décisions de sa volonté. Les autres animaux sont les esclaves de leurs instincts.

L'homme est donc le roi des êtres par la liberté. Sans elle, machine aveuglément obéissante, il ne saurait être responsable de ses actes. Plus tard il aura à rendre compte à Dieu de l'usage de cette liberté.

De la Liberté.

D. Qu'est-ce que la liberté?

R. C'est la faculté d'user, sans entraves extérieures, de ses forces intellectuelles et physiques.

D. Quelles sont les limites de la liberté?

R. Comme Dieu, d'où elle émane, la liberté est infinie, elle n'a d'autres limites qu'elle-même.

D. Qu'entendez-vous par là?

R. J'entends que la liberté ne va pas jusqu'à se compromettre elle-même, soit en nous, soit dans autrui.

En d'autres termes, l'homme n'est pas libre d'attaquer par ses paroles ou ses actes soit sa propre liberté, soit celle d'autrui.

D. Tâchez de développer cette pensée.

R. Le corps qui souffre n'est plus libre, il en est de même de l'âme.

Le corps souffre par le mal physique; l'âme, par le mal moral.

Plus l'âme et le corps sont sains, plus ils sont libres.

Il faut donc que l'homme ne compromette jamais ni la santé de son âme, ni celle de son corps.

Les maux de l'âme sont l'envie, la haine, l'intempérance, la colère, le mensonge.

L'envieux est esclave de l'envie;

L'intempérant, de ses passions.

L'homme qui s'enivre est l'esclave de l'ivresse, etc.

Tous violent la liberté;

Ils commettent un crime.

D. Comment viole-t-on la liberté d'autrui?

R. Tout acte contraire à l'exercice de la liberté intellectuelle et physique d'autrui est une violation de cette liberté. Si je trouble mon voisin dans ses travaux, si je lui enlève les moyens de se défendre contre la calomnie, contre l'oppression, d'émettre ses pensées, si je lui prends contre son gré ce qui lui appartient légitimement, je viole sa liberté, je commets un crime.

De l'Égalité.

D. Qu'est-ce que l'égalité?

R. C'est le droit égal pour tous, parce que tous sont égaux devant Dieu, de jouir de la liberté morale et physique, et de pouvoir donner à ses forces intellectuelles et physiques tout le développement dont elles sont susceptibles.

D. Qu'est-ce que l'égalité absolue?

R. C'est non-seulement l'égalité des droits et des devoirs qui est conforme à la loi de Dieu, mais encore l'égalité d'intelligence, de force, de volonté, d'activité, de sensibilité; cette égalité n'est pas dans la nature.

De la Fraternité.

D. Qu'est-ce que la fraternité?

R. La fraternité est le sentiment qui unit les hommes dans une volonté commune de contribuer, chacun pour sa part, au bonheur de tous.

La fraternité est fille de l'égalité.

D. Expliquez cette pensée.

R. Les hommes ayant été créés égaux par Dieu sont frères, et comme tels, doivent s'aimer et se secourir mutuellement.

L'homme seul lutterait en vain contre tous les obstacles physiques et moraux qui s'opposent à l'exercice de sa liberté; il est seul contre tout et contre tous; il est faible et se brise comme un roseau.

L'égoïsme ou l'isolement est la source des maux innombrables de l'humanité.

Par la fraternité, l'homme lutte avec le concours de tous et pour tous; il fait partie d'un faisceau que Dieu seul peut rompre; il est fort comme le chêne.

La fraternité doit guérir les maux de l'humanité.

Du meilleur Gouvernement.

D. Quel est le meilleur gouvernement?

R. C'est celui qui tend à donner le plus de bonheur aux hommes.

D. Expliquez cette pensée.

R. L'homme n'est heureux que par la vertu.

La vertu consiste :

A rester *libre*,

A respecter là *liberté* d'autrui,

A ne voir que des *égaux* dans les autres hommes,

A les aimer et à les secourir en *frère*.

Le meilleur gouvernement est donc celui qui a pour base cette sublime et féconde trinité, source de toute vertu et de tout bonheur : Liberté, Égalité, Fraternité.

D. Quelle est la forme qui convient le mieux à ce gouvernement?

R. La république.

D. Pourquoi plutôt la république que la monarchie?

R. La monarchie est le gouvernement de tous par un *seul*, elle est contraire à l'égalité et ne saurait se soutenir que par le privilége, l'ennemi de la liberté, et par la désunion, contraire à la fraternité.

La république est le gouvernement de tous par tous et pour

tous; donc tous les citoyens d'une république sont libres, égaux et peuvent se chérir en frères.

De la Souveraineté nationale, de l'Assemblée nationale, du meilleur Député ou Représentant, des bonnes Lois.

D. Quelle est, après celle de Dieu, la plus sainte puissance sur la terre?

R. C'est la souveraineté nationale, c'est-à-dire l'expression générale de la volonté de la nation.

D. Quel est l'organe de la souveraineté nationale?

R. L'assemblée nationale, composée des délégués choisis par la majorité de la nation, qui se dépouille temporairement d'une partie de sa liberté pour en investir ceux qu'elle croit les plus capables d'assurer par les lois le règne de la liberté, de l'égalité et de la fraternité.

La puissance de l'assemblée nationale et les lois qu'elle fait, expression de la souveraineté nationale, sont donc sacrées et inviolables.

D. Quel est le meilleur député?

R. C'est celui qui, par ses antécédents, son caractère, ses lumières, son énergie, offre le plus de garanties pour faire triompher les principes de liberté, d'égalité et de fraternité.

D. Quelles sont les meilleures lois?

R. Celles qui ont pour but et pour règle : la liberté, l'égalité et la fraternité.

Du Peuple.

D. Qu'est-ce que le peuple?

R. Autrefois le peuple était cette partie de la nation que des lois sacriléges avaient privée des droits politiques. Sous le régime de la liberté, de l'égalité, de la fraternité, il n'y a plus ni aristocrates, ni bourgeois, ni privilégiés, ni prolétaires; il n'y a plus que la nation ou le peuple. Donc le peuple, c'est tous, et chacun fait partie du peuple. Le mérite personnel établit seul des inégalités que nul ne saurait détruire, parce qu'elles sont dans la nature.

Du Travail.

D. Qu'est-ce que le travail?

R. C'est l'emploi utile des forces departies à l'homme par Dieu.

D. Quelles sont ces forces?

R. L'homme étant composé d'une âme et d'un corps, il y a deux forces, celles de l'âme ou de l'intelligence, et celles du corps.

D. Qu'est-ce qu'un travailleur ou un ouvrier?

R. C'est celui qui emploie utilement ses forces intellectuelles et physiques.

D. La fraternité n'ordonne-t-elle pas à l'homme de travailler?

R. Oui; car, en vertu de la fraternité, chacun se doit à tous; laisser se perdre des forces qui n'ont été données à l'homme que pour le bonheur de soi-même et de tous, c'est voler la société, c'est commettre un crime.

D. A qui le monde est-il redevable de cette lumière qui montre aux hommes la route du bonheur par cette sublime devise de : Liberté, Égalité, Fraternité?

R. A Jésus-Christ.

D. Quelle est la nation qui a le plus contribué à en assurer le triomphe?

R. La nation française.

Soyons reconnaissants à Dieu de cette faveur insigne, mais n'en concevons point d'orgueil. L'orgueil est l'ennemi de l'égalité et de la fraternité.

Des Républiques anciennes et de la nouvelle République française.

Les républiques anciennes admettaient l'esclavage; elles n'avaient *tout au plus* pour base que la liberté, sans l'égalité et la fraternité; elles ne se soutenaient que par la violence; elles devaient périr par la violence, et elles ont péri.

Malgré leurs vices radicaux, que de grandes choses cependant ont faites ces républiques ! que de chefs-d'œuvre elles ont produits dans les arts, les lettres, les sciences !

La République française, fidèle à sa belle devise, est impérissable; et que de grandes choses ne fera-t-elle pas, à quel degré de prospérité, de gloire et de splendeur, ne s'élèvera-t-elle pas, lorsqu'elle fera rayonner autour d'elle et dans le monde entier la lumière bienfaisante de la liberté, de l'égalité et de la fraternité!

PRIÈRES DE L'HOMME LIBRE.

Acte de liberté.

O mon Dieu, vous qui, par un acte de votre souveraine bonté, avez volontairement posé une limite à votre souveraine puissance pour me donner la liberté, je vous en rends grâce. Puissé-je la respecter, la défendre toujours dans tous mes actes, dans toutes mes pensées, pour moi-même et pour tous les autres hommes, mes frères ! Puissé-je ne jamais oublier que la liberté me vient de vous, qu'elle est le plus précieux des biens, et que sans elle l'homme, réduit à la condition de la brute, ne saurait vivre !

Acte d'égalité.

O mon Dieu, vous qui, en douant tous les hommes d'une

âme et d'un corps semblables, avez semé dans nos cœurs le sentiment de l'égalité, je vous en remercie pour moi et pour tous les hommes mes frères. Puissé-je rester fidèle à ce sentiment, source de toute dignité !

Que jamais par mes pensées, mes paroles ou mes actes, je n'attaque les droits égaux pour chacun au développement de ses facultés physiques et morales !

Acte de fraternité.

O mon Dieu, vous qui, par la voix du Christ, avez inspiré aux hommes le doux sentiment de la fraternité, soyez témoin de la ferme volonté où je suis de rester fidèle à cette loi divine. Celui qui sera faible par l'intelligence ou par le corps, je le soutiendrai en bon frère de toutes les forces de mon intelligence et de mon corps. Je mettrai ma joie à pratiquer la loi de *chacun pour tous;* je vous l'affirme, mon Dieu, convaincu que, secourir mes frères opprimés ou souffrants, c'est le plus bel hommage que je puisse rendre à votre bonté infinie.

www.ingramcontent.com/pod-product-compliance
Lightning Source LLC
LaVergne TN
LVHW010217230826
846091LV00008BB/3550

* 9 7 8 2 0 1 2 4 7 2 2 0 4 *